2021
weekly planner

BELONGS TO:

_____

▰ PRETTY SIMPLE PLANNERS ▰

FIND US ON INSTAGRAM!

@prettysimplebooks

Questions & Customer Service:
Email us at prettysimplebooks@gmail.com!

Pretty Simple Planner
© Pretty Simple Books. All rights reserved. No part of this publication may be reproduced, distributed, or transmitted, in any form or by any means, including photocopying, recording, or other electronic or mechanical methods, without prior written permission of the publisher, except in the case of brief quotations embodied in critical reviews and certain other noncommercial uses permitted by copyright law.

Year in Review

JANUARY
Su	Mo	Tu	We	Th	Fr	Sa
					1	2
3	4	5	6	7	8	9
10	11	12	13	14	15	16
17	18	19	20	21	22	23
24	25	26	27	28	29	30
31						

FEBRUARY
Su	Mo	Tu	We	Th	Fr	Sa
	1	2	3	4	5	6
7	8	9	10	11	12	13
14	15	16	17	18	19	20
21	22	23	24	25	26	27
28						

MARCH
Su	Mo	Tu	We	Th	Fr	Sa
	1	2	3	4	5	6
7	8	9	10	11	12	13
14	15	16	17	18	19	20
21	22	23	24	25	26	27
28	29	30	31			

APRIL
Su	Mo	Tu	We	Th	Fr	Sa
				1	2	3
4	5	6	7	8	9	10
11	12	13	14	15	16	17
18	19	20	21	22	23	24
25	26	27	28	29	30	

MAY
Su	Mo	Tu	We	Th	Fr	Sa
						1
2	3	4	5	6	7	8
9	10	11	12	13	14	15
16	17	18	19	20	21	22
23	24	25	26	27	28	29
30	31					

JUNE
Su	Mo	Tu	We	Th	Fr	Sa
		1	2	3	4	5
6	7	8	9	10	11	12
13	14	15	16	17	18	19
20	21	22	23	24	25	26
27	28	29	30			

JULY
Su	Mo	Tu	We	Th	Fr	Sa
				1	2	3
4	5	6	7	8	9	10
11	12	13	14	15	16	17
18	19	20	21	22	23	24
25	26	27	28	29	30	31

AUGUST
Su	Mo	Tu	We	Th	Fr	Sa
1	2	3	4	5	6	7
8	9	10	11	12	13	14
15	16	17	18	19	20	21
22	23	24	25	26	27	28
29	30	31				

SEPTEMBER
Su	Mo	Tu	We	Th	Fr	Sa
			1	2	3	4
5	6	7	8	9	10	11
12	13	14	15	16	17	18
19	20	21	22	23	24	25
26	27	28	29	30		

OCTOBER
Su	Mo	Tu	We	Th	Fr	Sa
					1	2
3	4	5	6	7	8	9
10	11	12	13	14	15	16
17	18	19	20	21	22	23
24	25	26	27	28	29	30
31						

NOVEMBER
Su	Mo	Tu	We	Th	Fr	Sa
	1	2	3	4	5	6
7	8	9	10	11	12	13
14	15	16	17	18	19	20
21	22	23	24	25	26	27
28	29	30				

DECEMBER
Su	Mo	Tu	We	Th	Fr	Sa
			1	2	3	4
5	6	7	8	9	10	11
12	13	14	15	16	17	18
19	20	21	22	23	24	25
26	27	28	29	30	31	

January 2021

SUNDAY	MONDAY	TUESDAY	WEDNESDAY
3	4 *National Trivia Day*	5	6
10	11	12	13
17	18 MARTIN LUTHER KING JR. DAY	19	20
24 / 31	25	26	27

[**Nothing is impossible, the word itself says 'I'm possible'!** - Audrey Hepburn]

THURSDAY	FRIDAY	SATURDAY	NOTES
	1 NEW YEAR'S DAY	2	
7	8	9	
14	15	16	
21 *National Hug Day*	22	23	
28	29 *National Puzzle Day*	30	

MON • DECEMBER 28, 2020

TUE • DECEMBER 29, 2020

WED • DECEMBER 30, 2020

THU · DECEMBER 31, 2020

NEW YEAR'S EVE

FRI · JANUARY 1, 2021

NEW YEAR'S DAY

SAT · JANUARY 2, 2021

SUN · JANUARY 3, 2021

MON · JANUARY 4, 2021

TUE · JANUARY 5, 2021

WED · JANUARY 6, 2021

THU · JANUARY 7, 2021

FRI · JANUARY 8, 2021

SAT · JANUARY 9, 2021

SUN · JANUARY 10, 2021

MON · JANUARY 11, 2021

TUE · JANUARY 12, 2021

WED · JANUARY 13, 2021

THU · JANUARY 14, 2021

FRI · JANUARY 15, 2021

SAT · JANUARY 16, 2021

SUN · JANUARY 17, 2021

MON • JANUARY 18, 2021

MARTIN LUTHER KING JR. DAY

TUE • JANUARY 19, 2021

WED • JANUARY 20, 2021

THU · JANUARY 21, 2021

FRI · JANUARY 22, 2021

SAT · JANUARY 23, 2021

SUN · JANUARY 24, 2021

MON · JANUARY 25, 2021

TUE · JANUARY 26, 2021

WED · JANUARY 27, 2021

THU · JANUARY 28, 2021

FRI · JANUARY 29, 2021

SAT · JANUARY 30, 2021

SUN · JANUARY 31, 2021

february 2021

SUNDAY	MONDAY	TUESDAY	WEDNESDAY
	1	2	3
7	8	9 *National Pizza Day*	10
14 VALENTINE'S DAY	15 PRESIDENTS' DAY	16	17
21	22	23	24
28			

[I have found if you love life, life will love you back.
— Arthur Rubinstein]

THURSDAY	FRIDAY	SATURDAY	NOTES
4	5	6	
11	12	13	
18	19	20 *Love Your Pet Day*	
25	26	27	

MON · FEBRUARY 1, 2021

TUE · FEBRUARY 2, 2021

WED · FEBRUARY 3, 2021

THU · FEBRUARY 4, 2021

FRI · FEBRUARY 5, 2021

SAT · FEBRUARY 6, 2021

SUN · FEBRUARY 7, 2021

MON · FEBRUARY 8, 2021

TUE · FEBRUARY 9, 2021

WED · FEBRUARY 10, 2021

THU · FEBRUARY 11, 2021

FRI · FEBRUARY 12, 2021

SAT · FEBRUARY 13, 2021

SUN · FEBRUARY 14, 2021

VALENTINE'S DAY

MON • FEBRUARY 15, 2021

PRESIDENTS' DAY

TUE • FEBRUARY 16, 2021

WED • FEBRUARY 17, 2021

THU · FEBRUARY 18, 2021

FRI · FEBRUARY 19, 2021

SAT · FEBRUARY 20, 2021

SUN · FEBRUARY 21, 2021

MON · FEBRUARY 22, 2021

TUE · FEBRUARY 23, 2021

WED · FEBRUARY 24, 2021

THU · FEBRUARY 25, 2021

FRI · FEBRUARY 26, 2021

SAT · FEBRUARY 27, 2021

SUN · FEBRUARY 28, 2021

March 2021

SUNDAY	MONDAY	TUESDAY	WEDNESDAY
	1	2	3
7	8	9	10
14 *DAYLIGHT SAVINGS BEGINS*	15	16	17 *ST. PATRICK'S DAY*
21	22	23 *National Puppy Day*	24
28	29	30	31

[Anything can happen if you let it.
- Mary Poppins]

THURSDAY	FRIDAY	SATURDAY	NOTES
4	5	6	
11	12	13	
18	19	20 *International Day of Happiness*	
25	26	27	

MON · MARCH 1, 2021

TUE · MARCH 2, 2021

WED · MARCH 3, 2021

THU · MARCH 4, 2021

FRI · MARCH 5, 2021

SAT · MARCH 6, 2021

SUN · MARCH 7, 2021

MON · MARCH 8, 2021

TUE · MARCH 9, 2021

WED · MARCH 10, 2021

THU · MARCH 11, 2021

FRI · MARCH 12, 2021

SAT · MARCH 13, 2021

SUN · MARCH 14, 2021

DAYLIGHT SAVINGS BEGINS

MON • MARCH 15, 2021

TUE • MARCH 16, 2021

WED • MARCH 17, 2021

ST. PATRICK'S DAY

THU · MARCH 18, 2021

FRI · MARCH 19, 2021

SAT · MARCH 20, 2021

SUN · MARCH 21, 2021

MON · MARCH 22, 2021

TUE · MARCH 23, 2021

WED · MARCH 24, 2021

THU · MARCH 25, 2021

FRI · MARCH 26, 2021

SAT · MARCH 27, 2021

SUN · MARCH 28, 2021

MON · MARCH 29, 2021

TUE · MARCH 30, 2021

WED · MARCH 31, 2021

THU · APRIL 1, 2021

FRI · APRIL 2, 2021

GOOD FRIDAY

SAT · APRIL 3, 2021

SUN · APRIL 4, 2021

EASTER

April 2021

SUNDAY	MONDAY	TUESDAY	WEDNESDAY
4 EASTER	5	6	7
11	12	13	14
18	19	20	21
25	26 *National Pretzel Day*	27	28

[The world belongs to the enthusiastic.
- Ralph Waldo Emerson]

THURSDAY	FRIDAY	SATURDAY	NOTES
1	2 GOOD FRIDAY	3	
8	9	10 *National Siblings Day*	
15 *National High Five Day*	16	17	
22 EARTH DAY	23	24	
29	30		

▌MON • APRIL 5, 2021

▌TUE • APRIL 6, 2021

▌WED • APRIL 7, 2021

THU · APRIL 8, 2021

FRI · APRIL 9, 2021

SAT · APRIL 10, 2021

SUN · APRIL 11, 2021

MON · APRIL 12, 2021

TUE · APRIL 13, 2021

WED · APRIL 14, 2021

THU · APRIL 15, 2021

FRI · APRIL 16, 2021

SAT · APRIL 17, 2021

SUN · APRIL 18, 2021

MON · APRIL 19, 2021

TUE · APRIL 20, 2021

WED · APRIL 21, 2021

THU · APRIL 22, 2021

EARTH DAY

FRI · APRIL 23, 2021

SAT · APRIL 24, 2021

SUN · APRIL 25, 2021

MON · APRIL 26, 2021

TUE · APRIL 27, 2021

WED · APRIL 28, 2021

THU · APRIL 29, 2021

FRI · APRIL 30, 2021

SAT · MAY 1, 2021

SUN · MAY 2, 2021

May 2021

SUNDAY	MONDAY	TUESDAY	WEDNESDAY
2 *World Laughter Day*	3	4	5 *Cinco de Mayo*
9 MOTHER'S DAY	10	11	12
16	17	18	19
23 / 30	24 / 31 MEMORIAL DAY	25	26

[Keep your eyes on the stars, and your feet on the ground.   – Theodore Roosevelt]

THURSDAY	FRIDAY	SATURDAY	NOTES
		1	
6	7	8	
13	14	15	
20	21	22	
27	28	29	

MON • MAY 3, 2021

TUE • MAY 4, 2021

WED • MAY 5, 2021

THU · MAY 6, 2021

FRI · MAY 7, 2021

SAT · MAY 8, 2021

SUN · MAY 9, 2021

MOTHER'S DAY

MON · MAY 10, 2021

TUE · MAY 11, 2021

WED · MAY 12, 2021

THU · MAY 13, 2021

FRI · MAY 14, 2021

SAT · MAY 15, 2021

SUN · MAY 16, 2021

▗ MON • MAY 17, 2021

▗ TUE • MAY 18, 2021

▗ WED • MAY 19, 2021

THU · MAY 20, 2021

FRI · MAY 21, 2021

SAT · MAY 22, 2021

SUN · MAY 23, 2021

MON · MAY 24, 2021

TUE · MAY 25, 2021

WED · MAY 26, 2021

THU • MAY 27, 2021

FRI • MAY 28, 2021

SAT • MAY 29, 2021

SUN • MAY 30, 2021

June 2021

SUNDAY	MONDAY	TUESDAY	WEDNESDAY
		1	2
6	7	8	9
13	14 FLAG DAY	15	16
20 FATHER'S DAY	21 *World Music Day*	22	23
27	28	29	30

[Adventure is worthwhile in itself.
— Amelia Earhart]

THURSDAY	FRIDAY	SATURDAY	NOTES
3	4	5	
	National Donut Day		
10	11	12	
17	18	19	
		JUNETEENTH	
24	25	26	

MON · MAY 31, 2021

MEMORIAL DAY

TUE · JUNE 1, 2021

WED · JUNE 2, 2021

THU · JUNE 3, 2021

FRI · JUNE 4, 2021

SAT · JUNE 5, 2021

SUN · JUNE 6, 2021

MON · JUNE 7, 2021

TUE · JUNE 8, 2021

WED · JUNE 9, 2021

THU · JUNE 10, 2021

FRI · JUNE 11, 2021

SAT · JUNE 12, 2021

SUN · JUNE 13, 2021

MON · JUNE 14, 2021

FLAG DAY

TUE · JUNE 15, 2021

WED · JUNE 16, 2021

THU · JUNE 17, 2021

FRI · JUNE 18, 2021

SAT · JUNE 19, 2021

JUNETEENTH

SUN · JUNE 20, 2021

FATHER'S DAY

MON · JUNE 21, 2021

TUE · JUNE 22, 2021

WED · JUNE 23, 2021

THU · JUNE 24, 2021

FRI · JUNE 25, 2021

SAT · JUNE 26, 2021

SUN · JUNE 27, 2021

MON · JUNE 28, 2021

TUE · JUNE 29, 2021

WED · JUNE 30, 2021

THU • JULY 1, 2021

FRI • JULY 2, 2021

SAT • JULY 3, 2021

SUN • JULY 4, 2021

INDEPENDENCE DAY

July 2021

SUNDAY	MONDAY	TUESDAY	WEDNESDAY
4 INDEPENDENCE DAY	5	6	7
11	12	13	14
18 National Ice Cream Day	19	20	21
25	26	27	28

[Summertime is always the best of what might be.
— Charles Bowden]

THURSDAY	FRIDAY	SATURDAY	NOTES
1	2	3	
8	9	10	
15	16	17	
22	23	24	
29	30	31	

MON · JULY 5, 2021

TUE · JULY 6, 2021

WED · JULY 7, 2021

THU · JULY 8, 2021

FRI · JULY 9, 2021

SAT · JULY 10, 2021

SUN · JULY 11, 2021

MON · JULY 12, 2021

TUE · JULY 13, 2021

WED · JULY 14, 2021

THU · JULY 15, 2021

FRI · JULY 16, 2021

SAT · JULY 17, 2021

SUN · JULY 18, 2021

MON · JULY 19, 2021

TUE · JULY 20, 2021

WED · JULY 21, 2021

THU • JULY 22, 2021

FRI • JULY 23, 2021

SAT • JULY 24, 2021

SUN • JULY 25, 2021

MON • JULY 26, 2021

TUE • JULY 27, 2021

WED • JULY 28, 2021

THU · JULY 29, 2021

FRI · JULY 30, 2021

SAT · JULY 31, 2021

SUN · AUGUST 1, 2021

August 2021

SUNDAY	MONDAY	TUESDAY	WEDNESDAY
1	2	3	4
8	9 *Book Lovers Day*	10	11
15	16 *Tell a Joke Day*	17	18
22	23	24	25
29	30	31	

[The secret of getting ahead is getting started.
— Mark Twain]

THURSDAY	FRIDAY	SATURDAY	NOTES
5	6	7	
12	13	14	
19	20	21	
26 *National Dog Day*	27	28	

MON · AUGUST 2, 2021

TUE · AUGUST 3, 2021

WED · AUGUST 4, 2021

THU · AUGUST 5, 2021

FRI · AUGUST 6, 2021

SAT · AUGUST 7, 2021

SUN · AUGUST 8, 2021

MON · AUGUST 9, 2021

TUE · AUGUST 10, 2021

WED · AUGUST 11, 2021

THU · AUGUST 12, 2021

FRI · AUGUST 13, 2021

SAT · AUGUST 14, 2021

SUN · AUGUST 15, 2021

MON · AUGUST 16, 2021

TUE · AUGUST 17, 2021

WED · AUGUST 18, 2021

THU · AUGUST 19, 2021

FRI · AUGUST 20, 2021

SAT · AUGUST 21, 2021

SUN · AUGUST 22, 2021

MON • AUGUST 23, 2021

TUE • AUGUST 24, 2021

WED • AUGUST 25, 2021

THU · AUGUST 26, 2021

FRI · AUGUST 27, 2021

SAT · AUGUST 28, 2021

SUN · AUGUST 29, 2021

MON · AUGUST 30, 2021

TUE · AUGUST 31, 2021

WED · SEPTEMBER 1, 2021

THU · SEPTEMBER 2, 2021

FRI · SEPTEMBER 3, 2021

SAT · SEPTEMBER 4, 2021

SUN · SEPTEMBER 5, 2021

September 2021

SUNDAY	MONDAY	TUESDAY	WEDNESDAY
			1
5	6 — LABOR DAY	7 — ROSH HASHANAH	8
12	13	14	15 — YOM KIPPUR
19	20	21 — World Gratitude Day	22
26	27	28	29

[With the new day comes new strength and new thoughts.
— Eleanor Roosevelt]

THURSDAY	FRIDAY	SATURDAY	NOTES
2	3	4	
9	10	11	
16	17	18	
23	24	25	
30			

MON · SEPTEMBER 6, 2021

LABOR DAY

TUE · SEPTEMBER 7, 2021

ROSH HASHANAH

WED · SEPTEMBER 8, 2021

THU · SEPTEMBER 9, 2021

FRI · SEPTEMBER 10, 2021

SAT · SEPTEMBER 11, 2021

SUN · SEPTEMBER 12, 2021

MON • SEPTEMBER 13, 2021

TUE • SEPTEMBER 14, 2021

WED • SEPTEMBER 15, 2021

YOM KIPPUR

THU · SEPTEMBER 16, 2021

FRI · SEPTEMBER 17, 2021

SAT · SEPTEMBER 18, 2021

SUN · SEPTEMBER 19, 2021

MON · SEPTEMBER 20, 2021

TUE · SEPTEMBER 21, 2021

WED · SEPTEMBER 22, 2021

THU · SEPTEMBER 23, 2021

FRI · SEPTEMBER 24, 2021

SAT · SEPTEMBER 25, 2021

SUN · SEPTEMBER 26, 2021

MON · SEPTEMBER 27, 2021

TUE · SEPTEMBER 28, 2021

WED · SEPTEMBER 29, 2021

THU · SEPTEMBER 30, 2021

FRI · OCTOBER 1, 2021

SAT · OCTOBER 2, 2021

SUN · OCTOBER 3, 2021

October 2021

SUNDAY	MONDAY	TUESDAY	WEDNESDAY
3	4 *National Taco Day*	5	6
10	11 COLUMBUS DAY INDIGENOUS PEOPLES' DAY	12	13
17	18	19	20
24 / 31 HALLOWEEN	25	26	27

[Simplicity is the keynote of all true elegance.
— Coco Chanel]

THURSDAY	FRIDAY	SATURDAY	NOTES
	1 *World Smile Day*	2	
7	8	9	
14	15	16	
21	22	23	
28	29	30	

MON · OCTOBER 4, 2021

TUE · OCTOBER 5, 2021

WED · OCTOBER 6, 2021

THU · OCTOBER 7, 2021

FRI · OCTOBER 8, 2021

SAT · OCTOBER 9, 2021

SUN · OCTOBER 10, 2021

MON · OCTOBER 11, 2021

COLUMBUS DAY / INDIGENOUS PEOPLES' DAY

TUE · OCTOBER 12, 2021

WED · OCTOBER 13, 2021

THU · OCTOBER 14, 2021

FRI · OCTOBER 15, 2021

SAT · OCTOBER 16, 2021

SUN · OCTOBER 17, 2021

MON · OCTOBER 18, 2021

TUE · OCTOBER 19, 2021

WED · OCTOBER 20, 2021

THU · OCTOBER 21, 2021

FRI · OCTOBER 22, 2021

SAT · OCTOBER 23, 2021

SUN · OCTOBER 24, 2021

🔖 MON • OCTOBER 25, 2021

🔖 TUE • OCTOBER 26, 2021

🔖 WED • OCTOBER 27, 2021

THU · OCTOBER 28, 2021

FRI · OCTOBER 29, 2021

SAT · OCTOBER 30, 2021

SUN · OCTOBER 31, 2021

HALLOWEEN

November 2021

SUNDAY	MONDAY	TUESDAY	WEDNESDAY
	1	2	3
7 DAYLIGHT SAVINGS ENDS	8	9	10
14	15	16	17
21	22	23	24
28	29 HANUKKAH	30	

> The purpose of our lives is to be happy.
> — Dalai Lama

THURSDAY	FRIDAY	SATURDAY	NOTES
4 DIWALI	5	6	
11 VETERANS DAY	12	13 *World Kindness Day*	
18	19	20	
25 THANKSGIVING	26	27	

🔖 MON • NOVEMBER 1, 2021

🔖 TUE • NOVEMBER 2, 2021

🔖 WED • NOVEMBER 3, 2021

THU · NOVEMBER 4, 2021

DIWALI

FRI · NOVEMBER 5, 2021

SAT · NOVEMBER 6, 2021

SUN · NOVEMBER 7, 2021

DAYLIGHT SAVINGS ENDS

MON • NOVEMBER 8, 2021

TUE • NOVEMBER 9, 2021

WED • NOVEMBER 10, 2021

THU · NOVEMBER 11, 2021

VETERANS DAY

FRI · NOVEMBER 12, 2021

SAT · NOVEMBER 13, 2021

SUN · NOVEMBER 14, 2021

🔖 MON • NOVEMBER 15, 2021

🔖 TUE • NOVEMBER 16, 2021

🔖 WED • NOVEMBER 17, 2021

THU · NOVEMBER 18, 2021

FRI · NOVEMBER 19, 2021

SAT · NOVEMBER 20, 2021

SUN · NOVEMBER 21, 2021

MON • NOVEMBER 22, 2021

TUE • NOVEMBER 23, 2021

WED • NOVEMBER 24, 2021

THU · NOVEMBER 25, 2021

THANKSGIVING

FRI · NOVEMBER 26, 2021

SAT · NOVEMBER 27, 2021

SUN · NOVEMBER 28, 2021

MON · NOVEMBER 29, 2021

HANUKKAH

TUE · NOVEMBER 30, 2021

WED · DECEMBER 1, 2021

THU · DECEMBER 2, 2021

FRI · DECEMBER 3, 2021

SAT · DECEMBER 4, 2021

SUN · DECEMBER 5, 2021

December 2021

SUNDAY	MONDAY	TUESDAY	WEDNESDAY
			1
5	6	7	8
12	13	14	15
19	20	21	22
26 KWANZAA	27	28	29

[What is done in love is done well.
- Vincent Van Gogh]

THURSDAY	FRIDAY	SATURDAY	NOTES
2	3	4	
9	10	11	
16	17	18	
23	24 CHRISTMAS EVE	25 CHRISTMAS DAY	
30	31 NEW YEAR'S EVE		

🔖 **MON • DECEMBER 6, 2021**

🔖 **TUE • DECEMBER 7, 2021**

🔖 **WED • DECEMBER 8, 2021**

THU · DECEMBER 9, 2021

FRI · DECEMBER 10, 2021

SAT · DECEMBER 11, 2021

SUN · DECEMBER 12, 2021

MON · DECEMBER 13, 2021

TUE · DECEMBER 14, 2021

WED · DECEMBER 15, 2021

THU · DECEMBER 16, 2021

FRI · DECEMBER 17, 2021

SAT · DECEMBER 18, 2021

SUN · DECEMBER 19, 2021

MON · DECEMBER 20, 2021

TUE · DECEMBER 21, 2021

WED · DECEMBER 22, 2021

THU · DECEMBER 23, 2021

FRI · DECEMBER 24, 2021

CHRISTMAS EVE

SAT · DECEMBER 25, 2021

CHRISTMAS DAY

SUN · DECEMBER 26, 2021

KWANZAA

🔖 **MON · DECEMBER 27, 2021**

🔖 **TUE · DECEMBER 28, 2021**

🔖 **WED · DECEMBER 29, 2021**

THU · DECEMBER 30, 2021

FRI · DECEMBER 31, 2021

NEW YEAR'S EVE

SAT · JANUARY 1, 2022

NEW YEAR'S DAY

SUN · JANUARY 2, 2022

Manufactured by Amazon.ca
Bolton, ON